Jürgen Noll, Ralph Spitzer, Udo Brändle

Motivationale Grundlagen von Open-Source Software

GRIN Verlag

Bibliografische Information der Deutschen Nationalbibliothek:

Die Deutsche Bibliothek verzeichnet diese Publikation in der Deutschen National-
bibliografie; detaillierte bibliografische Daten sind im Internet über http://dnb.d-
nb.de/ abrufbar.

Impressum:

Copyright © 2004 GRIN Verlag GmbH
Druck und Bindung: Books on Demand GmbH, Norderstedt Germany
ISBN: 978-3-656-05762-8

Dieses Buch bei GRIN:

http://www.grin.com/de/e-book/118907/motivationale-grundlagen-von-open-
source-software

GRIN - Your knowledge has value

Der GRIN Verlag publiziert seit 1998 wissenschaftliche Arbeiten von Studenten, Hochschullehrern und anderen Akademikern als eBook und gedrucktes Buch. Die Verlagswebsite www.grin.com ist die ideale Plattform zur Veröffentlichung von Hausarbeiten, Abschlussarbeiten, wissenschaftlichen Aufsätzen, Dissertationen und Fachbüchern.

Besuchen Sie uns im Internet:

http://www.grin.com/

http://www.facebook.com/grincom

http://www.twitter.com/grin_com

Motivationale Grundlagen von Open-Source Software

Ralph Spitzer*, Jürgen Noll†, Udo Brändle‡

* Mag. Ralph Spitzer, Fasangasse 39/5/10, 1030 Wien, Österreich
† Univ.-Ass. Dr.Dr. Jürgen Noll (Kontaktautor), Fakultät für Wirtschaftswissenschaft, Universität Wien, Brünner Straße 72, 1210 Wien, Österreich
‡ Dr. Udo Brändle, Kommunalkredit Austria AG, 1092 Wien, Türkenstraße 9

Inhaltsverzeichnis

Zusammenfassung

Wir präsentieren theoretische Überlegungen sowie empirische Resultate zu der Frage, warum erfahrene Programmierer unentgeltlich an Projekten zur Entwicklung von Software teilnehmen. Dabei zeigt sich, dass nur ein Zusammenspiel ökonomischer, psychologischer und soziologischer Erklärungsansätze ein gutes Bild von der tatsächlichen (durchschnittlichen) Motivationsstruktur der Teilnehmer ergibt. Karrierebezogene Motive können eine solche Entwicklung nur bedingt erklären. Der Aufbau von Reputation und politische Motive erscheinen gelegentlich als bessere Ansätze. Dies wird durch unsere empirische Studie bestätigt. Intrinsische Motivation wie die intellektuelle Herausforderung ist in einer durch Autonomie und Selbstbestimmung gekennzeichneten Gemeinschaft sehr wichtig. Die Programmierer wollen nicht nur Software nach ihren eigenen Vorstellungen gestalten, sondern eine gute Reputation in der Community erlangen. Wenn dabei noch ein Erfolg gegen die großen kommerziellen Softwarehersteller gelingt, motiviert das die Programmierer weiter.

1   Einleitung

Die Idee von „Freier und Open-Source Software" (kurz: FOSS) entwickelte sich anfangs aus dem Bedürfnis vieler Programmierer, vorhandene Software nach den eigenen Anforderungen weiterentwickeln zu können. Um solche Änderungen durchführen zu können, muss jedoch der so genannte Quellcode verfügbar sein. Das ist jedoch bei kommerzielle Software nicht der Fall, welche nur in Form eines Binärcodes vertrieben wird und daher ausschließlich vom jeweiligen Anbieter geändert werden kann. Man nennt solche Software proprietär. Des weiteren ist für die Vornahme von Programmänderungen – selbst bei offenem Quellcode – rechtlich eine Erlaubnis des ursprünglichen Urhebers erforderlich (vgl. Arkenbout et al. 2004). Daher entstanden insbesondere mit der zunehmenden Verbreitung des Internets ab Mitte der 90er Jahre immer mehr Projekte, in deren Rahmen sowohl der Quellcode offengelegt blieb und jedermann das Recht zur Weiterentwicklung eingeräumt wurde. Die Free Software Foundation (FSF) ist beispielsweise eine der Institutionen, die sich für freie, quelloffene Software einsetzt, die neben der freien Weiterverbreitung und offenem Quelltext unter anderem auch ein Diskriminierungsverbot gegenüber Personen, Gruppen und auch Anwendungsgebieten gewährleisten sollte. Angesichts der aktuellen Debatte über Software-Patente erhalten Fragen, welche Faktoren eine Rolle spielen, um in solchen – in der Regel unentgeltlichen – Projekten mitzuwirken, neuen Auftrieb.

Ganz allgemein gesprochen ist Software ein Informationsgut. Daher sind damit nach Shapiro/Varian (1999) einige Eigenschaften verbunden. Informationsgüter kennzeichnen sich in der Kostenstruktur durch hohe Fixkosten und sehr niedrige variable Kosten. Weiters ist Software ein Erfahrungsgut, sodass der Konsument erst nach der Benutzung erkennen kann, ob das Gut seinen Erwartungen entspricht.

Zusätzlich erfüllt FOSS die Eigenschaften eines öffentlichen Guts und dem damit einhergehenden sozialem Dilemma. Weil es bei öffentlichen Gütern per definitionem nicht möglich ist, jemanden von dessen Nutzung auszuschließen, kann jeder darauf hoffen, dass das Gut von anderen bereitgestellt wird, ohne zu dieser Bereitstellung etwas beitragen zu müssen. Die dominante Strategie jedes Teilnehmers ist es daher, abzuwarten und nichts zu tun, was konsequenterweise dazu führen müsste, dass das Gut von niemandem zur Verfügung gestellt wird und dieser Markt zusammenbricht (Noll 2002). Diese ökonomischen Gesetzmäßigkeiten, die häufig unter den Begriff des

Trittbrettfahrens oder free-riding subsumiert werden, machen die freiwillige unentgeltliche Teilnahme an FOSS-Projekten noch weiter erklärungsbedürftig.

Die riesige Anzahl frei verfügbarer Programme, die unterschiedlichste Anwendungsbereiche abdecken, legt jedoch den Schluss nahe, dass dieses Trittbrettfahren die Produktion von FOSS nicht merklich zu behindern scheint. Denn im Gegensatz zum Allmendeproblem erleiden die Projektteilnehmer keinen Schaden durch die Nutzung Dritter, da bei digitalen Gütern keine Übernutzung erfolgen kann.

Da FOSS oft von Personen entwickelt wird, die sich persönlich nicht kennen, und geographisch weit verbreitet wohnen, sind die vorhandenen sozialen Bindungen relativ schwach ausgeprägt und unabhängig von der Gruppengröße. Für FOSS spielt damit die Anzahl der Trittbrettfahrer keine bedeutende Rolle, solange eine kleine Kerngruppe erhalten bleibt, die die Entwicklung aktiv vorantreibt und die Vision eines gemeinsamen Ziels aufrechterhalten kann.

Um erklären zu können, warum ein öffentliches Gut wie FOSS von privaten Entwicklern auf freiwilliger Basis zur Verfügung gestellt wird - „why should thousands of top-notch programmers contribute freely to the provision of a public good" (Lerner/Tirole 2000) - muss vor allem die Frage nach der Motivation dieser Entwickler beleuchtet werden. Die Beweggründe der Entwickler zur Teilnahme mögen sehr heterogen sein und bilden den Gegenstand unserer weiteren Untersuchungen. Wir schlagen eine Einteilung der Motivationsfaktoren in ökonomische, psychologische und soziologische Erklärungsansätze vor.

2   Ökonomische Motivationsfaktoren

Erklärungsversuche aus ökonomischer Sicht bauen auf dem Konzept der Kosten-Nutzen-Abwägung durch die Teilnehmer auf. Entwickler werden sich an einem FOSS-Projekt beteiligen, wenn der zu erwartende Nutzen die Kosten übersteigt. Wesentliche Motivationsfaktoren sind demzufolge die Notwendigkeit, eine Lösung für ein bestehendes technisches Problem zu finden (persönlicher Bedarf) oder erhoffte karrierebezogene Vorteile (karrierebezogene Motive).

2.1   Persönlicher Bedarf

„Every good work of software starts by scratching a developer's personal itch." (Raymond 2000a). Viele der prominentesten FOSS-Projekte zielten in ihren Anfängen gar nicht auf das ab, was sie nun darstellen. So war Linux anfangs nicht als Betriebssystem geplant, sondern von seinem „Entwicklungsvater" Linus Torvalds als Programm zum Lesen von Emails gedacht. Dieses und viele andere Projekte zeigen auf, dass FOSS-Projekte entstanden sind, weil Benutzer mit vorhandenen Lösungen unzufrieden waren. Die Tatsache, dass Software für den persönlichen Bedarf geschrieben wird, hat damit drei wichtige Implikationen.

Erstens handeln die entsprechenden Entwickler rational und folgen ihren eigenen Interessen. Zweitens kann man annehmen, dass die Menge an Software, die von einem bestimmten Programmierer produziert wird, beschränkt ist. Der dritte Punkt ist die Übereinstimmung der Interessen von Entwicklern und Anwendern (Hars/Ou 2001). Beide sind an einem verbesserten Produkt interessiert und im Sinne einer Pareto-Verbesserung bereit, Anstrengungen in die Entwicklung zu investieren.

Kommerzielle Hersteller hingegen bieten aus Kostengründen oft nur wenige Versionen ihres Produktes an, die so gestaltet sind, dass sie die Bedürfnisse von „durchschnittlichen" Verbrauchern abdecken. Konsumenten, deren Bedürfnisse nicht ausreichend zufrieden gestellt werden, können entweder den Hersteller mit individuellen Anpassungen beauftragen, oder zur Selbsthilfe greifen, und ein Produkt neu entwickeln bzw. bei bestehenden Produkten Anpassungen vornehmen (Franke und von Hippel 2003).

Welchen Nutzen ziehen aber Teilnehmer eines FOSS-Projekts daraus, denn wenn ein Programm oder Teile davon für den eigenen Gebrauch entwickelt werden, dann sind die Entwicklungskosten bereits versenkt. Der Entwickler hat dann zwei Möglichkeiten, den Code veröffentlichen oder nicht veröffentlichen. Im Falle einer Veröffentlichung entstehen Transaktionskosten, in diesem Zusammenhang Veröffentlichungskosten. Kollock (1999) weist auf die geringe Höhe dieser Kosten hin und beschreibt das Umfeld der FOSS-Entwicklung als „low cost situation". Als Projektinitiator hingegen können diese Kosten einen größeren Faktor ausmachen, denn das Programm muss dokumentiert werden, eine technisch funktionierende Lösung muss so überarbeitet werden, dass daraus ein herzeigbarer Programmcode wird, nicht zuletzt aufgrund des damit einhergehenden möglichen Reputationsverlusts.

Dem steht der erwartete Nutzen aus der Verfügbarkeit des Quellcodes entgegen, der es den Nutzern erlaubt, Fehler selbst zu beseitigen und das Programm an die eigenen Bedürfnisse anzupassen (Raymond 2000a). Die so entstehenden Verbesserungen fließen zum Teil wieder an den Projektinitiator zurück, da eine zentrale Verwaltung des Codes für die Teilnehmer von Vorteil sein kann. Viele Programmierer begrüßen die Verfügbarkeit des Quellcodes, weil sie auf der Arbeit anderer aufbauen und diese erweitern und verbessern können, ohne das Rad neu erfinden zu müssen (Gosh et al. 2002).

Ob es für einen Entwickler sinnvoll ist, seinen Code freizugeben, hängt vom Wert (gering oder hoch) und den Eigenschaften des Programmcodes (komplementär oder eigenständig) ab. Komplementäre Codes mit geringem Wert (beispielsweise kleine Patches), die aus nur wenigen Zeilen Code bestehen, sind für sich alleine nutzlos und haben nur dann einen Wert, wenn sie in das Programm integriert werden.

Bei komplementärem Code mit hohem Wert hängt es von der Lizenz des zugrunde liegenden Programms ab, ob und wie der Code veröffentlicht wird. Handelt es sich um ein Programm, das unter einer wenigerer restriktiven Lizenz vertrieben wird, dann hat der Entwickler die Wahl, seine Entwicklung entweder proprietäre Software oder als FOSS zu vertreiben. Bei einem eigenständigen Programm mit geringem Wert ist die kommerzielle Nutzung zwar rechtlich möglich, aber nicht sinnvoll. Hat jedoch das eigenständige Programm einen hohen Wert, hängt es vom Geschäftsmodell des Entwicklers ab, ob es als FOSS oder proprietär vertrieben wird. Eine Freigabe des

Programms wird begünstigt, wenn das Programm in Konkurrenz zu anderen Produkten steht (Shy 2001). Durch eine Freigabe des Codes kann die Verbreitung gefördert werden, um dann in Dienstleistung rund um das Produkt einen Konkurrenzvorteil herauszuschlagen. Weiters ist die Suche nach geeigneten Partnern oder potentiellen Käufern schwierig und zeitaufwendig, was man sich durch FOSS erspart.

2.2   Karrierebezogene Motive

Raymond (2002a) weist darauf hin, dass sich die im FOSS-Umfeld erworbene Reputation positiv auf die Berufsaussichten einzelner Programmierer auswirken kann. Lerner und Tirole (2000) geben diesem Motivationsfaktor mehr Einfluss.

In vielen technischen und künstlerischen Bereichen ist jedoch die Qualität der Arbeit für Außenstehende schwer zu beurteilen. Da der Arbeitsmarkt durch asymmetrische Information geprägt ist, kann der Arbeitgeber die Qualität der Arbeitnehmer nicht direkt beobachten. Ausbildung und Zertifikate können in diesem Zusammenhang im Sinne von Spence (1973) als Signal dienen, um dieses Problem der Informationsasymmetrie zu lösen. Lee et al. (2003) weisen darauf hin, dass die Information über die Fähigkeit der einzelnen Entwickler innerhalb der FOSS-Community weniger ungleich verteilt ist, als zwischen den Entwicklern auf dem Arbeitsmarkt, da die Programmierer untereinander die Qualifikation ihrer Kollegen am besten einschätzen können. Unternehmen können sich auf diese Einschätzung verlassen und Entwickler mit hoher Reputation anstellen. Kompetente Entwickler können sich im FOSS-Umfeld leichter von durchschnittlichen Kollegen abheben. Jeder Codeblock kann genau seinem Erzeuger zugeordnet werden (Lerner und Tirole 2000).

Jeder zusätzliche Entwickler übt in zweifacher Hinsicht externe Effekte auf andere Entwickler aus. Einerseits erhöht sich mit der Zahl der Entwickler der Wert des Signals, andererseits sinkt aber die Wahrscheinlichkeit für den einzelnen, ein Signal senden zu können (Lee et al. 2003). Im Falle von konkurrierenden Beiträgen verschiedener Entwickler kommt es zu einer „Winner takes all"-Situation. Da nur ein Beitrag in den Quellcode aufgenommen werden kann, geht der Verlierer leer aus. Dies verringert die Wahrscheinlichkeit, ein Signal senden zu können.

Hars und Ou (2001) weisen auf einen möglichen Konflikt hin: Das Verbessern eines FOSS-Programms heute, kann das Potential für zukünftige Einnahmen durch

Dienstleistungen rund um das Projekt verringern, weil weniger Anpassungen und Support notwendig sind.

3 Psychologische Motivationsfaktoren

In der Psychologie gibt es zahlreiche Zugänge zum Thema Motivation (vgl. beispielsweise Heckhausen 1989 oder Herkner 1991). Für die Beurteilung der Motivation der FOSS-Entwickler erscheint das Konzept von *intrinsischer* und *extrinsischer* Motivation geeignet. Die primäre Frage lautet, ob die Entwickler durch externe Belohnungen motiviert sind oder durch einen inneren Antrieb an Projekten teilnehmen.

Über die extrinsische und intrinsische Motivation gibt es keine einheitliche Auffassung, wobei aber „allen Konzeptionen gemein ist, dass intrinsisches Verhalten um seiner selbst oder eng damit zusammenhängender Zielumstände willen erfolgt, dass es nicht bloßes Mittel zu einem andersartigen Zweck ist" (Heckhausen 1989, S. 608).

Deci (1975) unterscheidet zwischen internen (intrinsic motivation) und externen Motivationsfaktoren (external rewards). Durch intrinsische Motivation haben Menschen den Anreiz, eine Tätigkeit um ihrer selbst willen durchzuführen. Aus der Durchführung ziehen sie einen unmittelbaren Nutzen, nämlich die Befriedigung persönlicher Bedürfnisse. Intrinsisches Verhalten beinhaltet Spontaneität, Neugier und Interesse an den unmittelbaren Gegebenheiten der Umwelt. Extrinsische Motivation bewirkt, dass eine Aufgabe wegen einer externen Belohnung oder Bestrafung durchgeführt wird. Die Tätigkeit ist ein Mittel zum Zweck. Dazu gehört in der Regel die berufliche Tätigkeit von Menschen, der der Entlohnung wegen nachgegangen wird.

Intrinsische Motive wurden in der Literatur zu FOSS anfänglich nur am Rande berücksichtigt, obwohl die FOSS-Community immer auf deren Wichtigkeit hingewiesen hat (vgl. Raymond 2000a).

Die Unterscheidung von intrinsischen und extrinsischen Faktoren ist aber kein leichtes Unterfangen (Frey/Osterloh 1997). Ob eine Aktion aus einem inneren Antrieb heraus oder mit einem bestimmten Ziel vor Augen unternommen wird, hängt nicht nur von der Persönlichkeit der Entwicklers, sondern auch von seiner momentanen Situation ab.

Motivation sollte als Kontinuum angesehen werden, an dessen einen Ende die vollständige Fremdbestimmtheit und am anderen Ende die vollständige Selbstbestimmtheit des Handelnden steht, sodass es Formen extrinsischer Motivation gibt, die in vielen Bereichen der intrinsischen Motivation sehr ähnlich sind (Ryan/Deci 2000).

3.1 Das Flow-Erlebnis

Csikszentmihaly (1975, S. 75) beschreibt „Flow" als einen Zustand, in dem „Handlung auf Handlung [folgt] und zwar nach einer inneren Logik, welche kein bewusstes Eingreifen von Seiten des Handelnden erfordert. Er erlebt den Augenblick als einheitliches Fließen [...]} wobei er Meister seines eigenen Handelns ist".

In diesem Zustand erfährt die betreffende Person ein Gefühl der Kontrolle über die Handlung und vergisst ihre Sorgen. Dieses Gefühl der Kontrolle ist eine der wichtigsten Komponenten des Flow-Erlebnisses (Csikszentmihaly 1975, S. 71).

Der Flow-Zustand stellt sich dann ein, wenn die Aktivitäten der handelnden Person im Verhältnis zu deren Fähigkeiten eine optimale Herausforderung bieten. Ist die Herausforderung zu klein, so stellt sich Langeweile ein. Ist sie zu groß, dann reagiert die Person mit Sorge und Angst (Csikszentmihaly 1975, S. 76).

Zusammenfassend kann man den Flow-Zustand dadurch charakterisieren, dass es zu einer Verschmelzung von Handlung und Bewusstsein, Zentrierung der Aufmerksamkeit auf eine bestimmte Zeit, optimalen Herausforderungen und einem autotelischen Wesen der Handlung kommt.

Bei den Tätigkeiten der FOSS-Entwickler steht die Freude am Entdecken und Erforschen genauso wie das Ausloten und Überwinden eigener Grenzen im Vordergrund. Wichtig ist nicht nur, dass ein Problem gelöst wird, sondern wie ein Problem gelöst wird. Die Lösung soll einfach und elegant sein. Programmieren wird nicht als Mittel zum Zweck verstanden, sondern als Selbstzweck. Elegant implementierte Programme gelten als Kunstwerke, besonders fähige Programmierer verstehen sich als Künstler (Hannemyr 1999).

3.2   Selbstbestimmungstheorie und Open Source Entwicklung

Deci (1975) hebt zwei Einflussfaktoren auf die intrinsische Motivation hervor: den Wunsch nach Selbstbestimmung und den Wunsch nach Kompetenz. Das Bedürfnis nach Selbstbestimmung ist das grundlegendere. Es muss auf jeden Fall erfüllt sein, damit intrinsische Motivation entstehen kann. Der Unterschied zwischen extrinsischer und intrinsischer Motivation ist dabei nicht objektiv, sondern rein subjektiv (Herkner 1991, S. 357, 359). Die Möglichkeit, Tätigkeiten und den Zeitpunkt der Erledigung selbst zu bestimmen, wirkt motivierend. Gleiches gilt für den Wunsch nach Kompetenz.

Eine Weiterentwicklung dieser Argumentation ist die Selbstbestimmungstheorie. Sie unterscheidet drei angeborene psychologische Grundbedürfnisse: (1) das Bedürfnis nach Autonomie und Selbstbestimmung, (2) das Bedürfnis nach Kompetenz und (3) das Bedürfnis nach Zugehörigkeit. Ryan und Deci (2000) erläutern, dass mit der Erfüllung dieser Bedürfnisse auch das persönliche Wohlbefinden maximiert wird. Menschen sind dann intrinsisch motiviert, können ihr Potential ausschöpfen und werden sich immer fordernden Tätigkeiten zuwenden. Die Selbstbestimmungstheorie kann auch auf den FOSS-Entwicklungsprozess bezogen werden.

1. Autonomie und Selbstbestimmung: FOSS bietet einen sehr hohen Grad an Autonomie. Die einzelnen Entwickler entscheiden selbst, ob und an welchen Projekten sie mitarbeiten wollen. Sie entscheiden über Art und Umfang der Tätigkeit und auch über den Zeitpunkt, an dem die Tätigkeiten stattfinden sollen. Die Entwickler können weiters ihren Kompetenzaufbau sowie den Umfang der Zugehörigkeit zum Projekt steuern. Mit steigender Involvierung in einem Projekt kommt es zu zwei gegensätzlichen Entwicklungen. Einerseits steigt die Autonomie des Entwicklers innerhalb des Projektes Nachdem der Entwickler „seinen Wert" für das Projekt bewiesen hat, können ihm erweiterte Rechte eingeräumt werden. Er kann vom einfachen „Contributor" zum „Core Developer" aufsteigen, der die Beiträge anderer Entwickler kontrolliert und überarbeitet, bevor sie Teil des Projektes werden. Je höher der Entwickler in der Hierarchie des Projektes aufsteigt, umso mehr kann er die Richtung des Projektes mit seinen eigenen Vorstellungen in Einklang bringen. Die Autonomie des Entwicklers im Privatbereich nimmt jedoch gleichzeitig ab. Mit den gewährten Rechten sind implizit auch Verpflichtungen verbunden. „Core Developer" wenden im Durchschnitt mehr Zeit auf als einfache

„Contributors". Sie müssen die weiteren Entwicklungsschritte des Projektes mit ihren Kollegen und dem Projektleiter abstimmen.

2. Kompetenz: Mit dem Wunsch nach Kompetenz geht auch die Bereitschaft einher, bestehende Fähigkeiten auszubauen und Neues zu lernen. FOSS bietet dafür eine gute Umgebung, weil die Kosten für eine benötigte Computerausrüstung und Internetzugang vergleichsweise gering sind, beinahe alle FOSS-Projekte über Online-Dokumentation verfügen, und jedes Projekt üblicherweise ein Diskussionsforum betreibt.

3. Zugehörigkeit: Das Bedürfnis nach Zugehörigkeit kann im FOSS-Bereich auf mehreren Ebenen gleichzeitig befriedigt werden. Ein Entwickler ist einerseits Mitglied der FOSS-Bewegung als Ganzes, andererseits Mitglied eines bestimmten Softwareprojektes. Die persönlichen Bindungen sind innerhalb des Kreises der Mitentwickler enger, werden mit zunehmender Projektgröße weniger und schwächer und sind auf der Ebene der FOSS-Community nur mehr vereinzelt vorhanden. Dadurch werden Spannungen reduziert, denn am „Arbeitsplatz" (d.h. im Projekt oder Team) werden die Entwickler stärker durch persönliche Bindungen zusammengehalten, sodass unterschiedliche politische Ansichten eine geringe Rolle spielen. So können Anhänger der „Free Software"-Ideologie und „Open-Source"-Anhänger gemeinsam zu einem Team gehören, obwohl sie sich auf Community-Ebene unterschiedlichen Lagern zugehörig fühlen. Innerhalb eines FOSS-Teams wird ein Mitglied nach seiner technischen Kompetenz beurteilt. Alter, Herkunft oder Religion spielen keine Rolle. Jeder Entwickler hat die gleichen objektiven Chancen, in der Hierarchie eines Projektes aufzusteigen. Der Umfang der Zugehörigkeit kann vom Entwickler wieder selbst bestimmt werden.

Durch diese Motive kann jedoch nicht erklärt werden, warum auch weniger spannende Tätigkeiten wie Dokumentation oder Softwaretest kontinuierlich erledigt werden. Auch Supportleistungen (d.h. die gegenseitige Hilfe) fallen in diesen Bereich. Deshalb bieten sich auch soziologische Betrachtungen an.

4   Soziologische Motivationsfaktoren

Die Beiträge aus dem soziologischen und anthropologischen Bereich versuchen, die Motivation der Entwickler durch deren Wunsch nach Anerkennung innerhalb ihrer Gruppe zu erklären.

Kollok (1999) sieht einige soziologische Beweggründe, die Entwickler dazu veranlassen, sich an FOSS-Projekten zu beteiligen. Die Teilnahme kann durch erwartete zum einen durch Reziprozität motiviert sein. Weil Geber und Empfänger in der Regel nicht persönlich bekannt sind kann die Hoffnung auf Gegenseitigkeit nur einen allgemeinen Charakter haben und sich nicht auf bestimmte Personen richten. Ein Entwickler hilft einem anderen und erwartet deshalb Hilfe von „der Community" wenn er selbst vor einem Problem steht. Der Geschenkgeber erwirbt quasi einen moralischen Anspruch auf Reziprozität.

Ein weiterer Motivationsfaktor ist der Wunsch der einzelnen, Reputation in der Gruppe zu erlangen. Dies geschieht z.B. durch das Bereitstellen von besonders hochwertigem Programmcode. Weiteres kann die Teilnahme auch vom Wunsch geprägt sein, Selbstwirksamkeit

zu entfalten. Durch die Bereitstellung von einem hochwertigem Code übt die Person Einfluss auf ihre Umgebung aus und stärkt so das Selbstbild als selbstwirksames Individuum. Kollock weist aber ausdrücklich darauf hin, dass es nicht notwendig ist, altruistisches Verhalten zu unterstellen.

4.1   Reputation – Die FOSS Gemeinschaft als Geschenkgesellschaft

Raymond (2000b) beschreibt die FOSS-Community als postmaterialistische Geschenkegesellschaft, die eine Anpassung der Gesellschaft an eine Situation darstellt, die nicht mehr durch die Knappheit von Ressourcen, sondern durch deren Überfluss charakterisiert ist. Der soziale Status eines Individuums ist dementsprechend nicht mehr daran zu bemessen, was es besitzt, sondern daran, was es verschenkt. In einer solchen Gesellschaft gibt es laut Raymond nur eine Möglichkeit, den Erfolg eines Einzelnen zu messen -- anhand des sozialen Status, den er im Vergleich zu seinen Kollegen aufbauen kann.

Bei den Ressourcen, die laut Raymond im Überfluss vorhanden sind handelt es sich im wesentlichen um Bandbreite und Rechenleistung. Weber (2000) weist darauf hin, dass die von Raymond angeführten Ressourcen selbst nicht in der Lage sind, einen Wert zu schaffen. Erst durch menschliche Anstrengungen und Kreativität wird aus der im Überfluss vorhandenen Rechenleistung ein Produkt von Wert. Diese Ressource, Humankapital, ist nach wie vor knapp und wird es laut Weber auch weiterhin bleiben. Die (Lebens-) Zeit jedes Individuums ist begrenzt wie auch die Möglichkeiten, in einer Gesellschaft Status zu erlangen. Es kann zu jedem Zeitpunkt immer nur einige wenige Menschen geben, die auf ihrem Gebiet „herausragende" Leistungen erbringen.

Nach Iannacci (2002) ist es nicht notwendig, im traditionellen Marktkonzept und der Geschenkegesellschaft zwei unterschiedliche Mechanismen zur Ressourcenverteilung zu sehen. In einer Marktwirtschaft dienen Preise dazu, um effizienten Ressourceneinsatz zu gewährleisten (Hayek 1945). In der FOSS-Geschenkegesellschaft kann der Preismechanismus nicht funktionieren, weil den Beiträgen der einzelnen Entwickler kein monetärer Wert beigemessen werden kann. Iannacci argumentiert weiter, dass auch die Open-Source-Netzwerke Eigenschaften einer Marktwirtschaft haben. Während in einer Marktwirtschaft das Geld die Funktion des Numeraire ausübt, ist es hier die Freizeit der Entwickler. Die Entwickler sind bereit, ihre Freizeit gegen nicht-monetäre Vorteile zu tauschen, solange der erwartete Grenznutzen höher ist als die entsprechenden Grenzkosten. Nach Iannacci ist FOSS ein Nebenprodukt, das entsteht, wenn Entwickler ihren privaten Interessen nachgehen. Die Produktion des öffentlichen Gutes leidet auch deshalb nicht unter „Free-Riding", weil die Trittbrettfahrer keine privaten nicht-monetären Vorteile aus der Produktion der anderen ziehen können.

Aufgrund der Eigenschaften als Informationsguts entstehen für weitere Kopien keine Kosten. Im Gegenzug erhält man etwas anderes - die Kopie eines Programms eines anderen Entwicklers. Ideen werden gegen andere Ideen und gegen einen Zugewinn an Reputation getauscht. Ein wesentlicher Punkt dabei ist, dass ein Entwickler nie etwas verlieren kann, wenn er sein Produkt freigibt, solange er einen Gegenwert für die erstmalige Erzeugung erhält. Dieser Gegenwert kann aber bereits durch den persönlichen Nutzen, den er aus seinem Code zieht, abgedeckt werden. Der treibende Mechanismus hinter diesem System ist laut Gosh (1998) die Reputation, die der einzelne so erwerben und als Währung einsetzen kann.

FOSS-Projekte können laut Zeitlyn (2003) auch mit Familien verglichen werden. Innerhalb einer Familie gibt es keine Verrechnung von Leistungen, denn jeder nimmt, was er braucht, und gibt, was er kann. Das größte Geschenk machen jedoch die Eltern. Sie schenken ihren Kindern das Leben. Diese können ein Geschenk dieser Größe nicht zurückgeben und bleiben für immer verschuldet. Die Eltern üben dadurch einen Einfluss auf ihre Kinder aus. Die Verpflichtung, als Beschenkter etwas zurückzugeben ist dementsprechend umso größer, je enger die Beziehung zwischen den Beteiligten ist.

Die gleichen Mechanismen kann man auch in kleineren, weniger prominenten Projekten beobachten. Der Projektgründer hat meist eine dominierende Stellung und das letzte Wort bei Entscheidungen. Selbst wenn er sich als ungeeignet erweist kann er nicht einfach „abgesetzt" werden. In diesem Fall entziehen ihm seine Mitentwickler die Unterstützung und gründen ein neues Projekt, wo sie das Produkt nach ihren Vorstellungen weiterentwickeln. Dieses Vorgehen wird als „forking" bezeichnet und nur als ultima ratio eingesetzt. Raymond (2000b) zeigt jene natürlichen Grenzen auf, die dazu beitragen, dass Forking eine Randerscheinung bleibt.

Umgekehrt gibt es viele Online-Communities, bei denen sich die erworbene Reputation nicht in berufliche Vorteile umwandeln lässt oder das gar nachteilig wäre. Dazu zählen beispielsweise Online-Spiele oder die Cracker-Szene (Ausdruck für kriminelle Hacker). Die Tatsache, dass jemand viel Zeit mit Spielen oder illegalen Aktivitäten verbracht hat, kann sich negativ auf dessen Karriere auswirken.

Während in der ökonomischen Literatur Status lediglich als Mittel zum Zweck gesehen wird (Lerner/Tirole 2000), kann man in diesen Fällen klar ausschließen, dass der Erwerb von Status extrinsisch motiviert ist, weil es keine externen Belohnungen gibt, gegen die man den Status eintauschen könnte. Es ist also wichtig, auch beim Erwerb von Reputation zwischen intrinsischen und extrinsischen Motiven zu unterscheiden.

Die Geschenke-Gesellschaft als postmaterialistische Adaption an einen Zustand der Überfülle von Ressourcen wurde vielfach kritisiert und kann das Funktionieren von FOSS-Projekten nicht befriedigend erklären.

Nicht jede Aktivität stellt schließlich ein Geschenk dar, umgekehrt ist auch nicht jede Aktion als Austausch von Gütern zu verstehen. Stalder (1999) formuliert: "Upon closer examination, much of the activity that is non-economic in nature on-line is equally non-economic off-line. Have you ever considered charging someone on the street who asks for directions? Do conversations in a bar merit fees? This is not a gift economy, this is social life, plain and pure, even on-line."

4.2 Politische Motive

Der Kampf David gegen Goliath (Linux gegen Microsoft) wird vor allem von den Medien regelmäßig in den Vordergrund gerückt. Dabei stellt sich die Frage, ob politische Motive wirklich ein wichtiger Anreiz für die Entwicklung von FOSS ist.

Der Wunsch nach der freien Verfügbarkeit des Quelltextes hat eine politische und eine technische Komponente. Für Anhänger der „Free Software"-Bewegung ist der Kampf für freie Software mit dem Kampf für eine freie Gesellschaft verbunden. Andererseits lehnen viele Entwickler diese ideologisch gefärbten Argumente ab. Technisch ist ein offener Quelltext die Voraussetzung für individuelle Anpassungen und Erweiterungen.

Insgesamt darf man das Eintreten vieler Entwickler für die freie Verfügbarkeit des Quellcodes also nicht unbedingt als antikapitalistische Haltung interpretieren. Was in diesen Bereich hineinspielen dürfte, ist die schlichte Unzufriedenheit vieler Entwickler mit der Qualität verschiedener Produkte kommerzieller Hersteller und der damit verbundene Wunsch, diese Produkte selbst anpassen zu können.

5   Bisherige empirische Untersuchungen

Im Jahre 2001 wurde eine Studie durchgeführt, die zwar ca. 5.600 Teilnehmer erreichte, sich aber großteils mit der Erhebung demographischer Daten befasste (Robles et al. 2001, kurz WIDI-Studie). Im Rahmen des groß angelegten Projektes „Free/Libre and Open Source Software: Survey and Study" (kurz: FLOSS-Studie) wurde auch die Motivation der Entwickler untersucht. Verweise auf die FLOSS-Studie beziehen sich immer auf Teil IV dieser Studie (Gosh et al. 2002). Der Online-Fragebogen wurde von knapp 2.800 Teilnehmern ausgefüllt. Die Teilnehmer konnten unter anderem aus einer Liste mit vorgegebenen Antworten die vier wichtigsten Beweggründe auswählen.

Die BCG-Hacker-Studie (Lakhani et al. 2002) wurde von der Boston Consulting Group in Kooperation mit dem Open Source Development Network im Sommer 2002 durchgeführt. Entwickler wurden nach bestimmten Kriterien ausgewählt und eingeladen, einen Online-Fragebogen auszufüllen. 684 auswertbare Antworten liegen den Ergebnissen zugrunde. Die Teilnehmer konnten unter anderem aus einer Liste mit vorgegebenen Antworten die drei wichtigsten Beweggründe auswählen. Durch eine Clusteranalyse wurden die Teilnehmer den folgenden vier Gruppen zugeordnet:

1. Die „Community Believers" (19%) sehen eine Verpflichtung, der Community etwas zurückzugeben, und sind der Ansicht, dass Quellcodes frei sein sollte.

2. Die „Hobbyists" (27%) entwickeln FOSS für eigene (private) Zwecke.

3. Die „Professionals" (25%) entwickeln FOSS für berufliche Zwecke.

4. Die Gruppe „Learning & Stimulation" (29%) nimmt an Projekten teil, um die eigenen Fähigkeiten zu verbessern und um Spaß zu haben.

6 Eigene Studie

6.1 Datenmaterial

Unsere Online-Umfrage soll dazu beitragen, die Beweggründe der Entwickler besser zu verstehen. Diese Untersuchung unterscheidet sich von den anderen Studien vor allem in folgenden Punkten:

1. Die intrinsische Motivation nimmt breiten Raum ein. Es wird versucht, einzelne Motive sowohl aus extrinsischer als auch aus intrinsischer Sicht zu beleuchten.

2. Die Teilnehmer können die Statements auf einer 7-stufigen Skala bewerten und so für alle abgefragten Statements Zustimmung bzw. Ablehnung signalisieren.

Zunächst werden die Statements in Gruppen eingeteilt und die Ergebnisse diskutiert. Anschließend werden die jeweiligen Statements per Faktorenanalyse zu fünf Motivationsfaktoren zusammengefasst und verglichen.

Zielgruppe des Fragebogens waren die 125 aktivsten FOSS-Projekte auf der bekannten Plattform Sourceforge.net (Jänner 2004). Die Umfrage wurde öffentlich angekündigt und dann wie folgt vorgegangen. In entsprechenden Medien (Email, Diskussionsforen,...) wurden Einladungen zur Teilnahme veröffentlicht. Die Einladung wurde von einigen Teilnehmern an andere weitergeleitet oder in anderen Mailinglisten oder Foren positioniert. Die Anzahl der Empfänger ist daher unbekannt. Vorsichtig geschätzt hatten aber mindestens 20.000 Entwickler und an FOSS Interessierte die Möglichkeit, von der Umfrage Kenntnis zu erlangen. Der Fragebogen war von Anfang Jänner bis Mitte Februar 2004 online und wurde insgesamt 341 Mal ausgefüllt. Die theoretische Obergrenze für die Rücklaufquote liegt damit bei knapp 1,7%.

Die Umfrage wurde in englischer Sprache durchgeführt. Der Fragebogen bestand aus zwei Teilen: Im allgemeinen Teil wurden einige demographische sowie projektbezogene Daten abgefragt. Der zweite Teil bestand aus 44 Statements, die von den Teilnehmern auf einer 7-stufigen Likert-Skala von 1 (Aussage trifft überhaupt nicht zu) über 4 (neutral) bis zu 7 (Aussage trifft sehr zu) zu bewerten waren. Beide Teile des Fragebogens finden sich im Anhang. Diese Statements gliedern sich in 8 Gruppen, von denen jede ein bestimmtes Themengebiet abdeckt. (1. Berufsorientierte Motive, 2. Persönlicher Nutzen, 3. Politische Motive, 4. Statusorientierte Motive, 5. Intrinsische

Motive, 6. Wahrgenommene Wahlmöglichkeit, 7. Wahrgenommene Kompetenz und 8. Zugehörigkeit) Die Gruppen 1-5 entsprechen den zu untersuchenden Motivationsfaktoren. Die Gruppen 6 und 7 sind positive Prädiktoren für die intrinsische Motivation. Die Gruppe 8 behandelt das Zugehörigkeitsgefühl zum Projekt, wobei die Gültigkeit dieser Skala noch nicht empirisch belegt ist.

6.2 Datenaufbereitung

Die Werte der negativ formulierten Statements wurden invertiert, um sie mit den anderen vergleichen zu können. Diese Statements sind mit dem °- Zeichen markiert.

Von den insgesamt erhaltenen 341 Antworten wurden vier gelöscht, da sie offensichtlich keine Daten enthielten. Anhand von vier Kontrollfragen-Paare wurden inkonsistente Fragebögen gelöscht. (Diese Paare sind: (better_job - no_better_job°), (feel_close - feel_distant°), (interesting - boring°) und (can_trust - cant_trust°).) Insgesamt verblieben damit für die weiteren Auswertungen 313 Datensätze.

6.3 Extraktion der Motivationsfaktoren

Die Items der oben genannten Statementgruppen 1-5 wurden mit Hilfe der Faktorenanalyse zu Motivationsfaktoren zusammengefasst. Da für dieses Verfahren eine vollständige Korrelationsmatrix erforderlich ist, basieren die Vergleiche der Motivationsfaktoren auf 259 Datensätzen. Zunächst wurde mit Hilfe das Kaiser-Meyer-Olkin-Kriteriums untersucht, ob die Korrelationsmatrix die Anwendung dieses Verfahrens erlaubt. Eine ähnliche Anforderung gilt für die MSA-Werte der einzelnen Items. Beide Werte lagen klar über dem kritischen Wert.

Als Extraktionsmethode kam die Hauptachsenanalyse zur Anwendung. Durch Drehung (Rotation) des Koordinatensystems kann ein besser interpretierbares Ergebnis erzielt werden, ohne die Aussage der Analyse zu verändern. Im vorliegenden Fall wurde eine orthogonale Rotation nach der Varimax-Methode vorgenommen.

Die Koeffizientenmatrix wurde nach der Regressions-Methode berechnet. Die Faktorenwerte der einzelnen Datensätze wurden durch Matrixmultiplikation dieser Koeffizientenmatrix mit der standardisierten Ausgangsdatenmatrix berechnet. Aufgrund dieser Standardisierung sind die Faktorenwerte ebenfalls standardisierte Größen, d.h. sie haben einen Mittelwert von 0 und eine Varianz von 1.

Die einzelnen Teilnehmer können deshalb hinsichtlich der Motivationsfaktoren miteinander verglichen werden. Ein Faktorwert größer Null bedeutet, dass dieser Faktor beim entsprechenden Teilnehmer stärker als im Durchschnitt ausgeprägt ist. Umgekehrt bedeutet ein Wert kleiner Null, dass der Faktorwert unter dem Durchschnitt liegt.

Die Aussagengruppen 6-8 wurden nicht in die Faktorenanalyse miteinbezogen, weil es sich bei diesen Statements nicht um Motivationsfaktoren handelt. Für die Gruppen 7 (wahrgenommene Kompetenz, COMP) und 8 (Zugehörigkeit, REL) wurden jeweils die Mittelwerte der verwendeten Statements (Wahrgenommene Kompetenz (COMP): *feel_competent, pretty_good, satisfied_performance*; Cronbachs Alpha = 0,671) errechnet und diese ebenfalls standardisiert, um sie mit den Faktorwerten vergleichen zu können. Die Gruppe 6 (wahrgenommene Wahlmöglichkeit) konnte wegen des zu niedrigen Cronbachs Alpha von 0,383 nicht berücksichtigt werden. Im Folgenden werden die gewonnenen Motivationsfaktoren mit den in Tabelle 1 angegebenen Kürzeln bezeichnet.

Kürzel	Beschreibung
IM	Intrinsische Motivation
JOB	Karrierebezogene Motive
STAT	Statusbezogene Motive
NEED	Persönlicher Nutzen

Tabelle 1: Extrahierte Motivationsfaktoren

6.4   Ergebnisse

Die Auswertung der Daten erfolgte mittels SPSS. Antworten mit den Werten 1 und 2 wurden als „klare Ablehnung" interpretiert und in den Tabellen mit „--„ gekennzeichnet. Umgekehrt wurden Antworten mit den Werten 7 und 6 als „starke Zustimmung (++)" gewertet. Den einzelnen Statements wurden Kurzbezeichnungen zugeordnet, die im Text *kursiv* dargestellt werden. Im folgenden werden die Ergebnisse der Umfrage dargestellt und, soweit möglich, denen anderer Studien gegenübergestellt.

6.4.1 Demographische und personenbezogene Daten

Die FOSS-Entwicklergemeinde ist mit 98% sehr stark männlich dominiert. Dieses Ergebnis deckt sich mit dem der oben erwähnten Studien, die auch einen Anteil von 98-99% ausweisen.

Die FOSS-Entwickler sind durchschnittlich in den späten Zwanzigern. Der jüngste Teilnehmer ist 14, der älteste 59 Jahre alt. Das durchschnittliche Alter beträgt 29 Jahre bei einem Median von 27 Jahren (vgl. Tabelle 2). Auch dieses Ergebnis stimmt mit den anderen empirischen Untersuchungen überein. In der BCG-Studie (Lakhani et al. 2002) liegt der Altersdurchschnitt bei 30, in der WIDI-Studie (Robles et al. 2001) bei 27 Jahren. In der FLOSS-Studie (Gosh et al. 2002) liegt der Mittelwert ebenfalls bei 27 Jahren, das durchschnittliche Startalter beträgt knapp 23 Jahre. Nur 7% waren jünger als 16 Jahre alt, als sie begannen, FOSS zu entwickeln.

	Mittelwert	Median	Minimum	Maximum	SD
Alter [Jahre]	29,06	27	14	59	8,68
Programmiererfahrung [Jahre]	11,76	10	0	17	2,18
Aktivität Fokusprojekt [Jahre]	2,4	2	0	20	3,54
Aktivität Allgemein [Jahre]	4,29	3	0	40	7,40
Zeitaufwand Fokusprojekt [Stunden/Woche]	9,36	5	0	70	11,12
Zeitaufwand alle Projekte [Stunden/Woche]	11,97	8	0	80	12,92

Tabelle 2: Allgemeine Daten

FOSS ist im wesentlichen ein europäisches und nordamerikanisches Phänomen. Europa (EU25 plus Schweiz und Norwegen) stellt knapp 49% der Studienteilnehmer. Nordamerika (USA und Kanada) liegt mit 37% an zweiter Stelle. Sonst ist nur noch der ozeanische Raum (überwiegend Australien) mit knapp 6% nennenswert.

Laut der BCG-Studie 2002 kommen ca. 42% der Teilnehmer aus Europa und 44% aus Nordamerika. Laut FLOSS 2002 stammen 71% der Stichprobe aus den EU-Ländern und nur 13% aus Nordamerika. Diese Untersuchung dürfte den Anteil der Europäer überschätzen, denn auch bei WIDI 2001 sind es 47% Europäer und 35% Nordamerikaner. Unabhängig vom tatsächlichen Verhältnis zwischen amerikanischen und europäischen Entwicklern zeigen jedoch alle Studien, dass FOSS auch ein europäisches Phänomen ist, was in starkem Kontrast zur kommerziellen Softwareindustrie mit ihrer Konzentration in den USA steht.

Die FOSS-Entwickler verfügen im Durchschnitt über eine gute bis sehr gute Ausbildung. 22% haben eine Sekundärschule (High School) abgeschlossen, 14% der Teilnehmer verfügen über die Hochschulreife und 59% über einen Hochschulabschluss (32% haben ein Bakkalaureat, 18% ein Master-Studium und 9% eine Post-Graduate-Ausbildung abgeschlossen). Laut FLOSS 2002 verfügen 70% über einen Universitätsabschluss (33% Bakkalaureat, 28% Master, 9% PhD), bei WIDI 2001 sind es 63%.

Der berufliche Hintergrund der Teilnehmer lässt sich in 55% Angestellte, 25% Studenten, 15% Selbständige und 4% Erwerbslose darstellen. Die allgemeine durchschnittliche Programmiererfahrung liegt bei 12 Jahren (Median 10 Jahre). Die Teilnehmer sind im Mittel seit etwas mehr als 4 Jahren (Median 3 Jahre) im Open-Source-Bereich tätig. Einen vergleichbaren Wert liefert die BCG Studie 2002. Dort liegt die durchschnittliche Berufserfahrung bei 11 Jahren.

Knapp 70% der Teilnehmer gehen einer Erwerbsarbeit nach. Etwa ein Drittel dieser Erwerbstätigen wird (auch) für die Entwicklung von FOSS bezahlt. Der Anteil jener, die beruflich an FOSS arbeiten, ist bei den Selbständigen (52%) fast doppelt so hoch wie bei den Angestellten (29%). Umgekehrt ist der Anteil jener, die beruflich (auch) mit proprietärer Software zu tun haben, bei den Angestellten (70%) höher als bei den Selbständigen (50%). Bezogen auf alle Teilnehmer ergibt sich ein Anteil von etwas mehr als 23%, die (auch) für das Entwickeln von FOSS bezahlt werden. Ausschließlich dafür bezahlt werden 12% der Teilnehmer.

Andere Untersuchungen kommen zu ähnlichen Ergebnissen. Laut BCG-Studie 2002 werden 30% der Entwickler für das Entwickeln von FOSS bezahlt. Bei WIDI 2001 liegt der Anteil bei 21%. Die BCG-Studie hat weiters untersucht, ob FOSS am Arbeitsplatz entwickelt wird: 46% verneinen diese Frage, 17% entwickeln heimlich, also ohne Wissen des Arbeitgebers, 9% entwickeln FOSS mit Billigung des Arbeitgebers, obwohl nicht Bestandteil der beruflichen Tätigkeit, und bei 28% der Befragten ist das Entwickeln von FOSS Teil des Jobs.

Da viele Entwickler an mehreren Projekten teilnehmen, wurde im Zuge der Analyse des Zeitaufwands zwischen dem Aufwand für das wichtigste Projekt (Fokusprojekt) und dem Aufwand für alle Projekte unterschieden. Die Gruppe der „One-Time"-Entwickler wurde für die Auswertung des Zeiteinsatzes ausgeschlossen, da man hier nicht von einem durchschnittlichen Zeiteinsatz pro Woche sprechen kann. Ebenfalls nicht berücksichtigt wurden die Angaben der „User", weil man hier nicht von Beiträgen zum Projekt im engeren Sinn sprechen kann. Tabelle 4 zeigt den Zeiteinsatz der einzelnen Entwicklergruppen.

	Leader	Core	Regular
Fokusprojekte	13,6	10,3	8,4
Alle Projekte	15,7	13,8	11,4

Tabelle 3: Zeiteinsatz nach Rolle im Projekt

Trotz oder wegen des starken beruflichen Engagements ist FOSS für viele mehr ein Hobby als ein Beruf. 58% der eigentlichen Entwickler (Leader, Core Developer und Regular Contributors) wenden pro Woche im Durchschnitt nicht mehr als 10 Stunden für ihre FOSS-Aktivitäten auf.

FLOSS 2002 untersucht den Zusammenhang zwischen beruflicher Tätigkeit und Zeiteinsatz und findet, dass die Entwicklung von FOSS stark mit der beruflichen Tätigkeit (d.h. mit dem Entwickeln von proprietärer Software) zusammenhängt. Software Engineers und Programmierer verbringen signifikant mehr Zeit mit der Entwicklung von FOSS (48% zwischen 21 und 40 Stunden und 24% mehr als 40 Stunden) als Universitätsangestellte (24% und 5%) oder Studenten (12% und 5%).

Laut FLOSS 2002 entwickeln 52% der Stichprobe sowohl FOSS als auch proprietäre Software. Das ist ein interessantes Ergebnis, weil damit klar wird dass proprietäre und freie Software zum Teil von denselben Programmieren entwickelt werden.

Zusammenfassend zu den demographischen und personenbezogenen Daten lässt sich festhalten, dass das Bild von bastelnden Teenagern und Studenten nicht der Realität entspricht. Die Entwickler sind im Durchschnitt in den späten Zwanzigern, überwiegend gut ausgebildet und verfügen über eine langjährige Erfahrung. Der Großteil geht einer

Erwerbstätigkeit nach, für etwa ein Viertel ist die FOSS-Entwicklung Teil der beruflichen Aufgaben.

6.4.2 Karrierebezogene Beweggründe

Der Anreiz, die persönlichen Berufsaussichten verbessern zu wollen ist vorhanden, aber er scheint weit geringer zu sein, als man nach den traditionellen ökonomischen Argumenten vermuten sollte. Nur 12% sehen ihre FOSS-Aktivitäten als karrierebezogene Investition (*investment*) während 39% diese Aussage entschieden ablehnen. Ganz ähnlich ist das Antwortverhalten beim Statement *better_job*, das abfragt, ob die Entwickler an FOSS-Projekten teilnehmen um ihre Jobaussichten zu verbessern (11% vs. 40%). Das Statement *no_better_job°* („*Meine FOSS-Aktivitäten werden sich nicht wesentlich auf meine Jobaussichten auswirken*") zeigt einen deutlich höheren Wert als *better_job*. Da die beiden Statements gut korrelieren (r = 0,624), dürfte die Kontrollfrage nicht missverstanden worden sein. Das Ergebnis kann dahingehend interpretiert werden, dass die Entwickler zwar glauben aus ihren Aktivitäten berufliche Vorteile ziehen zu können, dies aber keine wichtige Motivation für diese Aktivitäten darstellt.

Das Statement *rep_payoff* versucht den karriereorientierten Teil des Wunsches nach Reputation zu erfassen. 21% der Befragten glauben, dass sich die FOSS-Aktivitäten für sie rechnen werden. 23% lehnen diese Aussage ab.

Deutlich positiver bewertet wurde das Statement *effective_skills*. 51% brachten deutlich zum Ausdruck, dass sie sich an FOSS-Projekten beteiligen, weil dies eine effiziente Möglichkeit zur Verbesserung der eigenen Fähigkeiten darstellt. Nur 7% lehnten diese Aussage klar ab. Im Zusammenhang mit den anderen Ergebnissen kann man schließen, dass der Faktor „Lernen" weitgehend nicht karrierebezogen gesehen wird, sondern der Erwerb von Kenntnissen als an sich erstrebenswert angesehen wird. Tabelle 4 listet die Aussagen zu diesem Themenbereich auf.

Item	Durchschnitt	SD	Median	++ [%]	-- [%]
Investment	3,24	1,715	3	12,1	39,2
Better_job	3,25	1,780	3	11,3	40,0
No_better_job°	4,24	1,833	5	31,4	19,6
Rep_payoff	4,06	1,717	4	21,4	22,9
Effective_skills	5,33	1,535	6	51,0	6,5
Recip_help	4,65	1,809	5	36,7	16,5

Tabelle 4: Karriereorientierte Statements

In der FLOSS-Studie 2002 gaben knapp 79% der Befragten die Verbesserung der eigenen Fähigkeiten als wichtigen Grund an, sich anfänglich an FOSS-Projekten beteiligt zu haben. Für immerhin 70% ist dies auch ein Grund, weiterhin FOSS zu entwickeln. Weiterer wichtiger Punkt ist Möglichkeit und Bereitschaft, Wissen mit anderen zu teilen. Für 50% war dies ein Grund, ursprünglich FOSS zu entwickeln und 67% wollen aus diesem Grund weiter aktiv bleiben.

Die BCG-Studie 2002 zeichnet ein ähnliches Bild. Auch hier ist der Erwerb neuer Fähigkeiten ein sehr wichtiger Motivationsfaktor. Allerdings liegt er mit etwas mehr als 41% nur an zweiter Stelle, nach „Intellectually stimulating" mit fast 45%. Die Differenz zur FLOSS Studie 2002 ergibt sich wahrscheinlich aus der unterschiedlichen Fragestellung. Antwortmöglichkeiten aus dem Bereich „Spaß" oder „intellektuelle Herausforderung" waren in der FLOSS Studie nicht vorgesehen. Auch hier wird deutlich, dass sich Entwickler aus unterschiedlichen Motiven weiterbilden und dass der Bereich „Weiterbildung" nicht zur Gänze als Investition in das eigene Humankapital gesehen werden darf, sondern auch sehr stark intrinsisch motiviert ist.

Ähnliches gilt für das Statement *recip_help*, das abfragt, ob die Teilnehmer anderen helfen, um im Bedarfsfall selbst Hilfe zu erhalten. 37% stimmten dieser Aussage zu, knapp 17% lehnten sie ab.

Die anderen Studien kommen zu folgenden Ergebnissen: Laut FLOSS 2002 ist das Verbessern der eigenen Berufsaussichten für knapp ein Viertel der Teilnehmer ein Anreiz, FOSS zu entwickeln. Für fast 30% ist dies ein Grund, auch weiterhin aktiv zu bleiben. Direkte finanzielle Vorteile sind der Studie zufolge relativ unwichtig. Für nur etwas mehr als 4% war das ein Antrieb, mit der FOSS-Entwicklung zu beginnen.

Allerdings gaben 12% der Teilnehmer an, aus diesem Grund auch weiterhin FOSS zu entwickeln, was einer starken Zunahme entspricht.

Ein ähnliches Bild zeichnet die WIDI Studie 2001. Immerhin 29% der Teilnehmer sind der Ansicht, dass ihnen aus den FOSS-Aktivitäten keine Vorteile im Beruf erwachsen, 26% erwarten Vorteile in der Zukunft, weitere 29% geben an, beruflich von ihrer FOSS-Tätigkeit zu profitieren. 15% verdanken den aktuellen Job der FOSS-Entwicklungsarbeit, aber nur knapp 2% konnten eine Gehaltserhöhung realisieren.

Alle Ergebnisse zeigen klar, dass karriereorientiertes Verhalten der Entwickler nur einen Teil der FOSS-Aktivitäten erklären kann, wobei an diesem Punkt anzumerken ist, dass Personen beim Ausfüllen von Fragebögen wohl dazu neigen, sich „wohltätiger" darzustellen, als sie dies in Wirklichkeit sein mögen.

6.4.3 Politische Motive

Knapp 32% der Teilnehmer gaben an, sich an FOSS-Projekten zu beteiligen, um die Macht proprietärer Softwarehersteller zu begrenzen (*fight_prop*). 28% lehnten diese Aussage ab. Die Zustimmung zu diesen Aussagen ist damit deutlich höher als in den anderen Studien. Laut BCG Studie 2002 ist die Möglichkeit, die Hersteller von proprietärer Software zu schädigen oder zu bezwingen, für nur 11% der Teilnehmer ein wichtiger Motivationsgrund. Selbst in der Gruppe der „Community Believers" ist dies nur für 19% ein wichtiger Anreiz. In der Gruppe „Learning and Stimulation" und bei den „Hobbyists" sind es 8% bzw. 9%, bei den „Professionals" sind es 11%. Die FLOSS-2002 findet etwas höhere Werte. Für 19% der Teilnehmer war dieses Motiv ein Grund, sich an der Entwicklung von FOSS zu beteiligen, jedoch gaben knapp 29% an, deswegen auch weiterhin FOSS entwickeln zu wollen.

Selbst wenn man als starke Zustimmung nur Antworten mit dem Wert 7 ansieht, liegt die Zustimmung in unserer Studie mit 18% höher als in der BCG Studie 2002. Der Unterschied könnte in der unterschiedlichen Herkunft der Teilnehmer begründet sein. Sowohl bei FLOSS 2002 als auch in der vorliegenden Untersuchung ist der Anteil der europäischen Entwickler höher der der Amerikaner.

Die Aussage, dass Software frei sein sollte bzw. der Quellcode frei verfügbar sein sollte (*sw_free*), wurde von 53% der Befragten bejaht, während sie von 7% abgelehnt wurde. In der Untersuchung wurde hier nicht zwischen der eher ideologisch motivierten „Free

Software"- und der eher pragmatisch orientierten „Open-Source"-Community unterschieden. Das Statement *sw_free* misst damit die Einschätzung beider Gruppen, ohne auf die dahinter stehende Ideologie einzugehen. Betrachtet man nur jene Antworten mit der höchsten Punktezahl, ergibt sich eine Zustimmung von knapp 38%.

Laut BCG-Studie 2002 ist die Ansicht, dass der Quellcode von Software frei zugänglich sein sollte, für ein Drittel der Teilnehmer ein wichtiger Motivationsfaktor. In der Gruppe der „Community Believer" ist der Anteil naturgemäß mit 64% am höchsten, bei den „Professionals" mit 12% am niedrigsten. Dazwischen liegen die „Hobbyists" (22%) und „Learning and Stimulation" (42%). Diese Zahlen decken sich mit den Ergebnissen von FLOSS 2002.

Noch deutlicher ist die Zustimmung (53%) zur Aussage, dass es einfach richtig ist, FOSS zu entwickeln (*right_thing*). Nur 7% lehnten diese Aussage ab. Etwa 40% der Teilnehmer fühlen sich verpflichtet, der Community etwas zurückzugeben (*obligation*). Knapp 13% lehnten diese Aussage ab.

Insgesamt gibt es eine starke Identifikation mit der „Positive Hacker Community" und deren Wertvorstellungen (*identify_hacker*). 42% der Teilnehmer bejahen diese Aussage und 17% lehnen sie ab. Selbst als Hacker bezeichnet sich aber nur ein Drittel der Teilnehmer, während 29% dies klar ablehnen.

Ähnlich die Ergebnisse der anderen Untersuchungen. Nach FLOSS 2002 ist für etwa ein Drittel der Befragten die Teilnahme in der FOSS-Szene an sich ein wichtiger Motivationsgrund. Auch die Erfahrung, an dieser Form der Kooperation teilzunehmen findet ein Drittel wichtig. In der BCG Studie wurde die Einstellung der Entwickler zur

„Hacker Community" untersucht. 83% der Befragten gaben an, sich mit dieser Gemeinschaft zu identifizieren. Die politischen Motive sind in Tabelle 5 zusammengefasst.

Item	Durchschnitt	SD	Median	++ [%]	-- [%]
Right_thing	5,26	1,557	5	46,6	6,5
Sw_free	5,34	1,705	6	53,2	7,0
Fight_prop	4,20	2,119	5	32,7	27,9
Obligation	4,79	1,750	5	39,1	12,8
Identify_hacker	4,69	1,907	5	42,0	17,3
Not_a_hacker°	4,16	2,092	4	33,4	28,6

Tabelle 5: Politisch motivierte Statements

6.4.4   Intrinsische Motivation und Kompetenz

Diese Statementgruppe versucht, die intrinsische Motivation der Teilnehmer zu messen. Dies geschieht einerseits durch Statements (*lose_track_time*, *extra_hour*), die sich mit dem von Csikszentmihaly (1975) beschriebenen „Flow-Erlebnis" (Siehe Punkt befassen. Der zweite Teil dieser Gruppe umfasst Statements (*fun*, *interesting*, *boring°*), die von Deci (1975) zur Messung der intrinsischen Motivation vorgeschlagen werden. Diese Statements wurden der Aufgabenstellung entsprechend angepasst.

Die intrinsische Motivation spielt bei den meisten Teilnehmern eine sehr wichtige Rolle. Einige Aussagen dieser Gruppe erreichen die höchsten Zustimmungswerte bei geringster Ablehnung im gesamten Fragebogen.

Intellektuelle Herausforderung (*stimulating*) und Spaß (*fun*), (*boring°*) stehen mit einer Zustimmung von etwa 70-90% und minimaler Ablehnung deutlich im Vordergrund. Die Statements *interesting*, *lose_track_time* und *recreation* erreichen etwas geringere Werte. Das Statement *extra_hour* wurde nur durchschnittlich bewertet. Im Gegensatz zu den erstgenannten Statements, die bei allen Berufsgruppen hohe Werte zeigen, wurden *recreation* und *extra_hour* vor allem von den Selbständigen niedriger bewertet als von Angestellten und Studenten. (Siehe Tabelle 6 für eine Überblick der genannten Aussagen.)

Laut FLOSS-Studie 2002 fanden knapp 79% der Befragten, dass die Arbeit im FOSS-Umfeld Spaß macht, während bei nur 0,4% dies auch für Arbeit an proprietärer Software zutraf. Knapp 19% sahen in diesem Punkt keinen Unterschied zwischen den beiden Bereichen. Fast die Hälfte stimmte der Aussage zu, dass Arbeit an proprietärer Software sehr langweilig sein kann, während nur etwas mehr als 1% dies auch für FOSS gelten ließ. Noch stärker ist das Verhältnis beim Faktor „Zeitdruck" ausgeprägt. Drei Viertel der Befragten assoziieren die Entwicklung proprietärer Software mit Arbeit unter Zeitdruck, bei FOSS sind es nur zweieinhalb Prozent. Diese Aussagen gewinnen umso mehr an Bedeutung, wenn man bedenkt, dass mehr als die Hälfte der FLOSS-Stichprobe beruflich an proprietärer Software arbeitet. Die Wichtigkeit von Spaß und Kreativität kommt auch in der BCG Studie 2002 zum Ausdruck.

Item	Durchschnitt	SD	Median	++ [%]	-- [%]
Stimulating	6,46	0,866	7	88,8	1,6
Fun	5,81	1,254	6	68,0	2,5
Interesting	5,43	1,226	6	52,0	8,4
Boring°	6,40	1,012	7	89,0	1,6
Recreation	5,04	1,631	5	44,0	8,0
Lose_track_time	5,41	1,528	6	56,0	5,1
Extra_hour	4,21	1,844	4	26,1	21,9

Tabelle 6: Statements zur intrinsischen Motivation

Wie erwartet sehen die Teilnehmer ihre Aktivitäten als weitgehend selbstbestimmt an. Die Aussage, dass sie aus verschiedenen Gründen gezwungen sind, FOSS zu entwickeln, lehnen 81% der Teilnehmer ab. Drei Viertel sagen klar, dass sie ihre Beiträge selbst bestimmen können.

Die Teilnehmer der Umfrage fühlen sich kompetent. 41% stimmten dieser Aussage zu und nur 4% lehnten ab. Die Hälfte der Teilnehmer bezeichnet sich selbst als „ziemlich gut", während 9% diese Aussage ablehnen. Geringer fällt die Zustimmung ihrer eigenen Performance aus, was mit dem Hackern zugeschriebenen Verlangen nach Perfektion zusammenhängen kann, d.h. dass trotz guter Leistungen noch immer das Bedürfnis vorhanden ist, die Lösung weiter zu verbessern.

6.4.5 Statusorientierte Motive

Diese Aussagengruppe umfasst sechs Statements. Beim ersten Statement wird erhoben, ob die Entwickler an Projekten teilnehmen, um Reputation in der Community zu erlangen. Etwa 22% stimmen dieser Aussage zu, und 28% lehnen sie ab. Die beiden nächsten Statements unterscheiden zwischen dem Wunsch nach Reputation auf Projektebene (*coll_rep*) und auf Community-Ebene (*comm_rep*). Mit 30% wird das

Statement *comm_rep* mehr als doppelt so oft abgelehnt wie *coll_rep*. Auch die Zustimmung ist deutlich niedriger (16% vs. 27%). Die Wertschätzung der Kollegen innerhalb eines Projektes ist für die Teilnehmer wesentlich wichtiger als die Erlangung von Reputation in der FOSS-Community allgemein.

Dies bestätigt die im theoretischen Teil genannte Vermutung über die Bedeutung des unmittelbaren Umfelds. Insgesamt hat die Erlangung von Status aber nicht den Stellenwert, den man anhand der theoretischen Überlegungen erwartet. Tabelle 7 zeigt die Ergebnisse der genannten Aussagen.

Item	Durchschnitt	SD	Median	++ [%]	-- [%]
Rep	3,86	1,809	4	21,5	27,7
Coll_rep	4,41	1,656	5	27,0	14,4
Comm_rep	3,56	1,745	3	15,8	30,3
Respect	5,24	1,674	5,5	50	0,0
Family	2,82	1,632	2	7,5	53,2
Lose_friends	1,47	1,026	1	1,3	88,0

Tabelle 7: Statusorientierte Statements

Die anderen empirische Untersuchungen finden etwas geringere Werte. Laut FLOSS-Studie 2002 begannen nur 9% der Entwickler mit der Entwicklung von FOSS, um Reputation in der Community aufzubauen. Für 12% ist dies ein Grund, weiterhin tätig zu sein. Ein ähnliches Bild zeichnet die BCG-Studie 2002. Nur 11% aller Nennungen entfielen auf diesen Bereich. Interessant ist, dass der Anteil in der Gruppe der „Hobbyists" mit 8% am niedrigsten und in der Gruppe der „Professionals" mit 14% fast doppelt so hoch ist. Auch bei den „Community Believers" sind es nur 13%. Folgt man der üblichen Argumentation, so müsste man vermuten, dass Reputation für jene Entwickler, die FOSS als unbezahltes Hobby betreiben, wichtiger ist als für jene, die für die Entwicklung bezahlt werden.

Der Grund könnte darin liegen, dass die Teilnehmer Reputation auch extrinsisch sehen, also als Mittel zur Realisierung beruflicher Vorteile. Auch in der vorliegenden Untersuchung traten zwischen beiden Gruppen positive Korrelationen auf.

Zusätzlich wurde noch in drei Statements der Familienbezug abgefragt, um die in Abschnitt „gift economy" angeführten Vermutungen über die Familienstruktur der FOSS-Projekte zu untermauern. Hier zeigt sich, dass zwar den Projektgründern Respekt entgegengebracht wird (50% stimmen dem Statement *respect* zu und nur 9% lehnen es ab), dass aber die Projekte klar nicht als Familie oder Familienersatz gesehen werden. 53% der Teilnehmer lehnten die Aussage, dass sie die Kollegen im Projekt als Familie empfinden *family* klar ab. Beim Statement *lose_friends* sind es sogar 88%, die ihre Ablehnung zum Ausdruck bringen. Persönliche Bindungen scheinen also keine wesentliche Rolle zu spielen, entsprechende Vermutungen, die diesen Beziehungen Erklärungskraft für das Entstehen von FOSS beimessen können nicht bestätigt werden. In Verbindung mit den Ergebnissen der FLOSS-Studie 2002 über den persönlichen Hintergrund der Entwickler kann man schließen, dass die Entwickler gut in ihr soziales und berufliches Umfeld integriert sind und diese Beziehungen nicht ersatzweise in FOSS-Projekten suchen.

6.4.6 Persönlicher Nutzen

Viele Teilnehmer entwickeln FOSS, um Funktionalität für persönliche Bedürfnisse bereitzustellen. Knapp 53% stimmten dieser Aussage zu und nur 9% lehnten sie ab. Ein ähnlich hoher Prozentsatz (50%) tut dies aus Unzufriedenheit mit bestehenden Lösungen. Dabei sind der persönliche Nutzen und die Unzufriedenheit mit exisierenden Lösungen relativ unabhängig von der beruflichen Situation der Entwickler, d.h. Studenten, Angestellte und Selbständige erreichen im Durchschnitt bei dieser Frage ähnliche Werte. Der berufliche Nutzen steht naturgemäß bei den angestellten und selbständigen Entwicklern im Vordergrund, bei denen das Entwickeln von FOSS Teil des Jobs ist.

In der BCG- Studie 2002 gaben knapp 39% aller Befragten „Work functionality" und knapp 30% „Non-work functionality" als wichtige Motivationsfaktoren an. Laut FLOSS-Studie 2002 gaben knapp 30% an, FOSS zu entwickeln um damit „Probleme zu lösen, die von proprietärer Software nicht gelöst werden konnten". Der Anteil dieses Motivationsfaktors ist niedriger als in der BCG Studie was an der für diesen Zweck nicht ganz passenden Fragestellung liegen kann, weil es viele FOSS-Projekte in Bereichen gibt, die durch kommerzielle Produkte gut abgedeckt sind.

6.4.7 Regionale Unterschiede in den Motivationsfaktoren

Wegen der geringen Anzahl aus den anderen Regionen erfolgt die Gegenüberstellung der Motivationsfaktoren nur für Europa und Nordamerika. Bei den europäischen Entwicklern sind politische Motive überdurchschnittlich stark ausgeprägt, bei den nordamerikanischen liegen sie unter dem Durchschnitt.

Entsprechend ist der Anteil jener Entwickler, die weder für Microsoft noch für ein anderes, proprietäre Software herstellendes Unternehmen arbeiten würden, in Europa fast doppelt so hoch wie in Nordamerika, wie aus Tabelle 8 ersichtlich ist.

Work_ms	Work_other	Europa [%]	Nordamerika [%]	Gesamt [%]
Ja	Ja	44,2	46,8	42,8%
Ja	Nein	-	-	-
Nein	Ja	38,1	43,2	40,8
Nein	Nein	17,7	9,9	16,4

Tabelle 8: Einstellung zu Microsoft und anderen proprietären Softwareherstellern

Jene Entwickler, die weder für Microsoft noch für ein anderes, proprietäre Software herstellendes Unternehmen arbeiten würden, haben erwartungsgemäß die höchsten Werte bei den politischen Motiven, gleichzeitig aber unterdurchschnittliche Werte bei den Faktoren JOB und STAT. Jene, die bei beiden arbeiten würden, haben unterdurchschnittlich ausgeprägte politische Motive.

Hervorzuheben ist, dass es zwischen den Entwicklergruppen keine wesentlichen Unterschiede gibt. Lediglich bei den Usern ist der Anteil jener, die weder für Microsoft noch ein anderes proprietäre Software herstellendes Unternehmen arbeiten würden, wesentlich höher als bei den Entwicklern.

7   Zusammenfassender Ausblick

Die Ergebnisse unserer Studie lassen sich im Lichte der dargelegten Theorien zusammenfassen. Wir haben festgestellt, dass karriereorientierte Überlegungen eine weit weniger prominente Rolle spielen, als man anhand der theoretischen Überlegungen erwarten sollte. Nur für 12% der Teilnehmer steht der Investitionscharakter ihrer Aktivitäten im Vordergrund, während er für 40% von geringer Bedeutung ist. Offen bleibt die Frage, ob das Interesse an monetären Vorteilen wirklich so gering ist oder ob auch praktische Überlegungen eine Rolle spielen. In der Praxis ist es nicht einfach, mit Software Geld zu verdienen - unabhängig davon ob es sich um freie oder proprietäre Software handelt. Bei FOSS kommt erschwerend hinzu, dass die Software selbst de facto nicht verkauft werden kann.

Aus soziologischer Sicht muss ernüchternd festgestellt werden, dass die Funktion von Reputation als Mittel zur Erlangung karrierebezogener Vorteile in der theoretischen Literatur überschätzt wird. Reputation als konvertible Währung anzusehen, ist eine mutige Annahme, die sich in der dargestellten Empirie nicht bestätigt findet. In der Praxis dürfte es eher schwierig sein, erworbene Reputation über Community-Grenzen hinweg zu transportieren. Um ein glaubwürdiges Signal liefern zu können, muss sich ein Entwickler von der Masse der anderen Projekte und Entwickler abheben, d.h. er muss eine überdurchschnittliche Reputation aufbauen, was auch mit einem überdurchschnittlichen Aufwand verbunden ist.

Natürlich kann sich Programmier-Erfahrung im Rahmen von FOSS-Projekten vorteilhaft auf die beruflichen Chancen eines Entwicklers auswirken, vor allem weil der Code und Funktionalität dem Entwickler zugerechnet werden können. Jene Entwickler, die viel Arbeit investieren und den Durchbruch schaffen, können einen Teil dieser Reputation ziemlich sicher in andere Bereiche mitnehmen. Auf die breite Masse dürfte dies aber nur sehr eingeschränkt zutreffen.

Aufgrund von Altersstruktur, Ausbildung und unterschiedlichen Motivationsanteilen der Entwickler einerseits, und wegen der technischen Möglichkeiten, Informationen zu marginalen Kosten zu reproduzieren andererseits, kann man davon ausgehen, dass es sich bei „Open-Source" um einen nachhaltigen Prozess handelt. In den letzten Jahren hat FOSS auch in vielen Unternehmen Einzug gehalten, sodass auch von dieser Seite Interesse an der Fortführung der Entwicklung besteht.

Zu erwartende Probleme sind vor allem rechtlicher Natur. Der genaue rechtliche Status der *Intellectual Properties* ist noch ungeklärt. Die größere Gefahr geht aber von ausufernden Softwarepatenten aus, denen FOSS-Projekte wenig entgegenzusetzen haben. Selbst wenn Patente zu vernünftigen und nicht diskriminierenden Konditionen an Dritte lizenziert werden, kann dies für FOSS-Projekte eine unüberwindbare Hürde darstellen.

Aus volkswirtschaftlicher Sicht ist FOSS in zweierlei Hinsicht interessant: Erstens erlaubt sie Individuen und Firmen die Entwicklung maßgeschneiderter Lösungen in Bereichen, die von kommerzieller Software nicht abgedeckt werden. Zweitens kann FOSS in verschiedenen Segmenten des Softwaremarktes, die wegen spezifischer Eigenschaften von Informationsgütern - geringe Grenzkosten und starke Netzwerkeffekte – durch positive Rückkoppelungen in Richtung (natürliches) Monopol streben, dazu beitragen, den Wettbewerb aufrecht zu erhalten und für Innovationsanreize zu sorgen. Deshalb liegt es im Interesse des Gesetzgebers, entsprechende Rahmenbedingungen zur Sicherung diese positiven Einflüsse zu schaffen.

Literaturverzeichnis

Arkenbout, E., Van Dijk, F., Van Wijck, P. (2004), Copyright in Information Society: Scenario's and Strategies, 17 European Journal of Law and Economics, S. 237-249

Csikszentmihaly, M. (1975), Das Flow Erlebnis: jenseits von Angst und Langeweile im Tun aufgehen, Stuttgart

Deci, E.L. (1975), Intrinsic Motivation, New York

Franke, N., von Hippel, E. (2003), Satisfying Heterogenous User Needs via Innovation Toolkits: The Case of Apache security software, 32 Research Policy, S. 1199-1215

Frey, B., Osterloh, M. (1997), Sanktionen oder Seelenmassage? Motivationale Grundlagen der Unternehmensführung, 57 Die Betriebswirtschaft, S. 307-321

Gosh, R.A., Glott, R., Krieger, B., Robles, G. (2002), Free Software and Open Source Software: Survey and Study – Part 4: Surevey of Developers, University of Maastricht

Hayek, F. (1945), The Use of Knowledge in Society, 35 American Economic Review, S. 519-530

Hannemyr, G. (1999), Technology and Pleasure: Considering Hacking Constructive, 4(2) First Monday

Hars, A., Ou, S. (2001), Working for free? – Motivations for participating in Open Source Projects, in: Proceedings of the 34th Hawaii International Conference on System Science

Heckhausen, H. (1989), Motivation und Handeln, 2. Aufl., Berlin

Herkner, W. (1991), Lehrbuch Sozialpsychologie, 5. Aufl., Bern/Toronto

Iannaci, F. (2002), The Economics of Open-Source Software, MIT Working Paper

Kollock, P. (1999), The Economies of Online Cooperation: Gifts and Public Goods in Cyberspace, in: Smith, M., Kollock, P. (eds.), Communities in Cyberspace, London

Lakhani, K.R., Wolf, B., Bates, J., DiBona, C. (2002), The BCG Hacker Survey, Boston Consulting Group / OSDN

Lee, S., Moisa, N., Weiss, M. (2003), Open Source as Signalling Device – An Economic Analysis, University of Zurich Working Paper

Lerner, J., Tirole, J. (2000), The Simple Economics of Open Source, 7600 NBER Working Paper Series

Noll, J. (2002), Recht, Ökonomie und Management, Wien

Raymond, E.S. (2000a), The Cathedral and the Bazaar: Musings on Linux and Open Source by an Accidental Revolutionary, Working Paper Rev. 1.57, www.catb.org

Raymond, E.S. (2000b), Homestanding the noosphere, Working Paper, Rev. 1.22, www.catb.org

Robles, G., Schneider, H., Tretkowski, I., Weber, N. (2001), Who is doing it? A research on Libre Software Developers, Working Paper TU Berlin

Ryan, R.M., Deci, E.L. (2000), Slef-Determination theory and the facilitation of intrinsic motivation, social development, and well being, **55** American Psychologist, S. 68-78

Shy, O. (2001), The Economics of Network Industries, Cambridge

Spence, M. (1973), A Job Market Signaling, **87** Quarterly Journal of Economics, S. 355

Shapiro, C., Varian, H. (1999), Information Rules, Boston

Stalder, F. (1999), Beyond Protals and Gifts Towards a Bottom-Up Net-Economy, 4(1) First Monday

Weber, S. (2000), The Political Economy of Open Source Software, 140 BRIE Working Paper

Zeitlyn, D. (2003), Gift economies in the development of open source software: anthropological reflections, **32** Research Policy, S. 1287-1291